La magia de los números

-

Mensajes angelicales

Alejandrina Manosalva

Alejandrina Manosalva

ISBN: 9798648455368

Dedicado.

A todo aquel que se encuentre este libro.
Feliz comunicación con lo angelical.

Los ángeles siempre están con nosotros guiándonos divinamente intentando llevarnos por direcciones positivas y armoniosas con sentimientos intuitivos, ideas brillantes, visiones, sueños o símbolos. Las señales podrían ser cualquier cosa con significado que podamos ver u oír que responda a nuestras peticiones o necesidades.

Las señales más usuales que los ángeles nos envían son las secuencias numéricas tales como el 111, 333, 888 y el 1234. Los números son las primeras herramientas que usan los Ángeles para comunicarse con nosotros. Los puedes ver en todos lados.

¿ pero qué pasa cuando veo el mismo número repetidamente ?

¿Qué significa esto?. Pues ¡si las tienen!

Los Ángeles nos ayudan con cualquier cosa siempre y cuando les pidamos su ayuda.

Ellos quieren ayudarnos para mejorar nuestra vida para que busquemos nuestra felicidad, soltemos miedos, mejoremos nuestra carrera, salud, mejores relaciones, encontrar el camino que más nos conviene.

"Puedes usar los números en tus meditaciones para atraer sus propiedades de vibración hacia tu vida."

Estudia primero los números uno por uno del 0 al 9, así te será más fácil entender las secuencias numéricas, y de esta forma comunicarte mejor con los ángeles.

En muchas ocasiones me encuentro desanimada, con dudas o pensamientos negativos entonces aparece un numero y lo cambia todo.
Seguramente con el tiempo identificaras los mensajes sin necesidad de consultar tu libro.

Números del 0 al 9

0 Dios te habla, cuando ves un 0 es una señal del círculo sin fin del Omega sin principio ni fin. Dios está tratando de captar tu atención con una palabra de reafirmación o de guía divina.
1 Mantente positivo, todo lo que estás pensando ahora mismo se está volviendo realidad. Así que asegúrate de pensar solamente en lo que realmente deseas. Deja los miedos de lado que Dios y los Ángeles se harán cargo de ellos.
2 Todo está bien y continuará estándolo, mantente creyendo ya que especialmente tus sentimientos de esperanza llevan a resultados positivos. Los ángeles pueden mantener a flote tu fe tan solo con pedirles su ayuda.
3 Los maestros ascendidos están ayudándote (usualmente esto significa que es un maestro ascendido con el cual te sientes cercano a él) por ejemplo Jesús, Quan Yin, un santo, o alguna otra figura religiosa o espiritual.
4 Los ángeles están contigo. Ellos te envían el número 4 para reafirmarte que ellos han escuchado tus oraciones y que están ayudándote.
5 Un cambio significativo está ocurriendo, siempre es para algo mejor. Es una buena hacer un llamamiento al cielo para recibir ayuda en estos cambios en la vida.
6 No te preocupes u obsesiones acerca de las cosas materiales incluido el dinero. La preocupación disminuye

el efecto de tus oraciones. Afortunadamente los ángeles pueden responder a tus oraciones si sí se los pides.

7 Estás en el camino correcto, y ¡el resultado excederá tus expectativas! El número 7 es una señal que la Magia Divina está apoyándote y abriéndote las puertas de la oportunidad.

8 El número 8 significa abundancia y prosperidad. Las vueltas sin fin de este número significan un infinito flujo de dinero, tiempo ideas o cualquier cosa que especialmente necesites (especialmente para el propósito de tu vida).

9 Manos a la obra trabajador de la luz, actúa ya! El número 9 significa que has completado todos los prerrequisitos para lograr tu propósito en la vida. Deja de procrastinar ya que es el momento de tomar pasos de acción necesarios. Incluso los pequeños pasos como los de un bebé son útiles.

Pares y números maestros que son el 11, 22 y el 33.

Los números maestros poseen una vibración superior y si eres poseedor de uno de ellos tanto en tu nombre como en tu fecha de nacimiento significa que tu espíritu o personalidad ha evolucionado gracias a las experiencias adquiridas durante tu vida y que comprendes profundamente el significado verdadero de la vida y su sentido basándose en la compresión de uno mismo desde el interior y el de ayudar a los demás sin esperar nada a cambio y sin condiciones.

11 El número 11 simboliza la unión de una fuerza imparable con la supremacía de una diosa, lo mortal y lo inmortal, la oscuridad y la luz. ¡Mantente positivo! Tus pensamientos se están materializando rápidamente, ya que si deseas el mejor de los resultados debes de focalizar solamente en el bien dentro de ti, otros y esta situación.

22 Las metas que se fijan son altas, con objetivos claros pero con la necesidad de llevarlos a cabo siempre con los pies en la tierra. Los ángeles pueden ver los resultados positivos de tus oraciones, ellos quieren que tengas paciencia y que te mantengas optimista mientras que los detalles finales se están elaborando en los cielos. Este es un llamado urgente de los ángeles para decirte ¡manteen la fe!

33 El 33 simboliza la última etapa de la evolución espiritual y la elevación a los demás hacia la iluminación o lo eterno. Tienes una fuerte y clara conexión con más de uno o más maestros(as) ascendidos(as), quienes han respondido a tu llamado y oraciones. Mantente hablando con ellos, ya que ellos(as) te están ayudando con tu situación presente.

44 Los ángeles están dándote confort extra, amor y apoyo en este momento. Llámalos por ayuda con cualquier cosa y escucha su guía a través de tu intuición.

55 Este es un periodo de "Adiós a lo viejo, bienvenida a lo nuevo" Dale la bienvenida a estos cambios ya que estos te traen nuevas bendiciones.

66 Cuando te encuentras cargando con las preocupaciones, el estrés o el miedo es más difícil que escuches la amorosa ayuda de tus ángeles. Este es un mensaje para que pases el tiempo en la meditación y la oración. Pide intervención espiritual y abre tus brazos para recibir la ayuda que siempre llega después de tus oraciones.

77 ¡Mantén el buen trabajo! Todo lo que estás haciendo en este preciso momento tiene el toque de midas.

88 Este es un signo muy auspicioso y favorable acerca de tus finanzas. Tus acciones, oraciones, visualizaciones y trabajo de manifestación han resultado en un enorme flujo de abundancia. ¡Abre tus brazos y recibe!

99 El espíritu del mundo tiene un mensaje urgente para ti:

¡Ponte a trabajar en el Propósito Divino de tu Vida ahora mismo!

Pide al espíritu del mundo que te ayude con motivación, claridad, dirección y cualquiera otra cosa que necesites.

Números del 100 al 110

100 Este es un fuerte mensaje de Dios quien te dice que tus pensamientos positivos son necesarios para co-crear los resultados que deseas.

101 Este número significa enseñanzas espirituales fundamentales: Así como "Dejes ir y Dejes a Dios hacer", tus pensamientos se volverán automáticamente más positivos y esta elevada vibración atraerá todas las cosas buenas hacia tu vida.

102 ¡Todas tus oraciones y pensamientos positivos están retoñando en la forma que deseas!, deja las preocupaciones a Dios y mantén la fe, ya que pronto verás un resultado positivo.

103 Entre más optimista te mantengas, más sencillo será para Dios y los maestros ascendidos (tales como los santos, Jesús y así sucesivamente) el poder ayudarte.

104 Estás rodeado por el amor de Dios y los ángeles, quienes están elevándote a un nivel de felicidad mayor. Puedes acelerar este efecto manteniendo una perspectiva positiva.

105 Así como cambies tu vida para mejorar, estás bajo el apoyo de la poderosa y amorosa energía de Dios. Deja cualquier preocupación a Dios, ya que tus pensamientos positivos actúan como ángeles a lo largo del camino.

106 Entre más te enfoques en la sabiduría y amor de Dios más estarás palpando esta fuente de fortaleza y apoyo. "Busca primero el reino de Dios y todo te será dado por añadidura"

107 Tú has estado escuchando la amorosa guía divina de Dios y como resultado de esto, estás exactamente donde se supone que debes de estar.

108 Tus pensamientos positivos y devota conexión con el amor infinito de Dios, han rendido el fruto de un interminable flujo de abundancia para ti.

109 Estés es un fuerte mensaje para que te mantengas optimista con respecto a la misión divina de tu vida, así como que tomes acciones firmes en la dirección de tus sueños.

110 Tú y Dios están co-creando las respuestas a tus oraciones, Dios necesita de tu cooperación en este esfuerzo. Ayúdalo estando optimista y siguiendo su guía divina.

Triples

111 Este número te trae el urgente mensaje de que tus pensamientos se manifiestan de manera instantánea; así que mantén tu mentalidad enfocada en tus aspiraciones. Déjale los pensamientos temerosos al Cielo para su transmutación.

222 Confía en que todo está trabajando exactamente como se supone debe de ser con Divinas Bendiciones para todos los involucrados, déjalo ser y ten fe.

333 Estás completamente rodeado(a) protegido(a), amado(a) y guiado(a) por los benevolentes maestros ascendidos.

444 Hay ángeles; ¡están por doquier alrededor tuyo! Eres completamente amado(a), apoyado) y guiado por muchos seres celestiales y no tienes nada a qué temer.

555 ¡Enormes cambios están haciendo resonando en toda tu vida! Mantén estos cambios en el curso más alto posible, asegúrate de mantener pensamientos positivos y de estar centrado en la oración y afirmaciones positivas.

666 Tus pensamientos encuentran demasiado enfocados en ilusiones materiales.
Eleva tus pensamientos espiritualmente para que tu vida regrese de nuevo al carril correcto.

777 Definitivamente te encuentras en el camino correcto en cada una de las áreas de tu vida. Mantente balanceado (a) y espiritualmente consciente de tal manera que puedas seguir adelante en este iluminado camino.

888 Este es un signo bastante auspicioso de completo apoyo financiero por parte del universo. ¡El dinero está fluyendo en dirección tuya!

999 Este mensaje significa la culminación del importante capítulo en tu vida; es tiempo de que empiezas a trabajar sin posponer las cosas en el siguiente capítulo de tu vida. Esta secuencia numérica es como la alarma de un despertador que suena fuertemente para sacudirte y que vayas director trabajo del propósito de tu vida.

Oráculo
Mensajes de los números

Ahora te invito hacer tres respiraciones profundas, formula tu pregunta o simplemente ábrete a recibir tu mensaje. Abriendo una página al azar.

60

Estás vacilando en enfocarte entre el espíritu y el mundo material. Este número es una llamada para que equilibres tu atención, y siempre recuerda que el espíritu es tu fuente y la fuerza detrás de todo en tu vida.

957

Confía en que los cambios que te encuentras realizando en tu carrera son exactamente lo necesario, así que sigue confiando en tus visiones e ideas.

241

Tu conexión con los ángeles está
abriendo tu corazón a la poderosa
energía sanadora del amor. Sigue
hablando con los ángeles ya que
ellos se encuentran bendiciendo
tu vida y a ti respectivamente.

882

Entre más llenes tu corazón con la
fe, tu situación financiera
continuará mejorando y fluyendo.

616

Mira sólo las posibilidades y no las ilusiones materiales. Tú eres poderoso (a) y puedes superar cualquier situación utilizando el poder del pensamiento positivo.

112

La fe y el optimismo son los dos
factores que abren las puertas a
todas tus aspiraciones.

432

Confía en que estas escuchando
con precisión la siempre confiable
guía divina de tus ángeles y los
maestros ascendidos. Esta guía
puede venir en la forma de
sentimientos, ideas, visiones o
señales.

722
La pureza de tu fe y el optimismo,
han creado y atraído milagros.

518
Tus pensamientos con mayor
espiritualidad y optimismo con
respecto al dinero han abierto el
flujo de la abundancia para ti.

911

Es muy importante que
mantengas un enfoque positivo en
lo que respecta a
las ideas de tu carrera con
fundamento espiritual. Los
pensamientos positivos son
tus más importantes recurso en
estos momentos.

707

La sabiduría de Dios esta viendo por el camino correcto. Sigue adelante con plena confianza.

13

Los maestros ascendidos (como Jesús, Quan Yin y demás) están contigo ayudándote a mantener una perspectiva positiva.
El número 13 significa que maestras ascendidas y Diosas te ayudan en mantenerte positivo.

367

Estás en el camino correcto siguiendo tu intuición, la cual está dando información la cual responderá tus oraciones.

424

Los ángeles te están ayudando a
fortalecer tu fe, ya que ellos saben
que una visión positiva mejorará el
resultado de esta situación.

811
Entre más puedas mantener
pensamientos y sentimientos
positivos con respecto a tus
finanzas, todas tus cuenta serán
pagadas y podrás experimentadas
una abundancia continua.

203

Todas tus oraciones han sido escuchadas y respondidas. Entre más creas en esto, mejor y más rápida será la manifestación del resultado deseado. Confía en esto.

782

Confía en que tu situación económica ésta trabajando por sí misma, y que todas tus necesidades estarán cubiertas.

73

Los maestros ascendidos te están guiando y estas escuchándolos de manera certera. Mantente en tu actual camino ya que se encuentra iluminado con bendiciones y regalos.

928
La fe y atención que pones en
servir a un propósito te a puesto
en el flujo de la abundante ayuda
divina.

886

Lo único que se encuentra bloqueando tu flujo financiero son las preocupaciones y los miedos. Déjale las preocupaciones y cuidados a los ángeles, y entonces experimentarás el incremento de la abundancia.

520

Confía en que el cielo te está ayudando a cambiar tu vida de maneras que son positivas.

489

Confía en que los ángeles te están
apoyando así como mantengas el
enfoque en la espiritualidad de
tu carrera y propósito de vida.

787

Te encuentras en una racha donde todo está floreciendo para ti justo ahora, especialmente en las áreas de tu carrera y finanzas. Este es un gran tiempo para iniciar nuevos proyectos, pedir una promoción y emprender nuevos proyectos relacionados con tu carrera.

876

Te encuentras tomando los pasos adecuados para asegurar que tus necesidades materiales y financieras se encuentren cubiertas.

239

Tú y tú propósito divino de vida están siendo asistidos por poderosos maestros ascendidos. Pídeles que te guíen con respecto al siguiente paso en el camino de tu carrera, y ellos directamente te guiarán.

222
Confía en que todo está
trabajando exactamente como se
supone debe de ser
con Divinas Bendiciones para
todos los involucrados, déjalo ser y
ten fe.

644

No tienes nada de qué
preocuparte al respecto, porque
hay muchos ángeles
contigo en este preciso momento.
Deja que ellos harán cargo de los
miedos.

678
Una gran mejora en tus finanzas
está sucediendo justo ahora.

777

Definitivamente te encuentras en el camino correcto en cada una de las áreas de tu vida. Mantente balanceado (a) y espiritualmente consciente de tal manera que puedas seguir adelante en este iluminado camino.

955

Es el momento de realizar los cambios en los cuales has estado pensando, en especial aquellos que tienen que ver con tu carrera y espiritualidad. Estos cambios son las respuestas a tus oraciones.

310

Este es un fuerte mensaje del espíritu del mundo pidiéndote que mantengas tus pensamientos elevados, brillantes y positivos. Dios y los maestros ascendidos te ayudarán a elevar tus pensamientos hacia el cielo, si les pides su ayuda a este respecto.

587
Tus nuevas aventuras de negocios
te están poniendo en el camino
hacia el éxito.

848

Eres completamente apoyado (a)
por los ángeles en todas las
formas posibles. Se abierto (a) a
recibir su ayuda, ya que entre más
puedas recibir mayor será lo que
podrás compartir con los demás.